Ln 20073.

NOTICE BIOGRAPHIQUE

SUR

M. C.-L. DE VASSAL DE MONTVIEL,

Archiviste honoraire, Inspecteur des Archives communales du département du Loiret, membre de plusieurs Sociétés savantes,

Par M. Emman. DE TORQUAT,

CHANOINE HONORAIRE, MEMBRE DE LA SOCIÉTÉ ARCHÉOLOGIQUE DE L'ORLÉANAIS, DE LA SOCIÉTÉ DES SCIENCES, ARTS ET BELLES-LETTRES D'ORLÉANS, ETC.

Extrait du Bulletin de la Société archéologique de l'Orléanais.

ORLÉANS,

IMPRIMERIE DE GEORGES JACOB,

Rue Bourgogne, 220.

1863

NOTICE BIOGRAPHIQUE

SUR

M. C.-L. DE VASSAL DE MONTVIEL.

Si une biographie peut offrir un intérêt véritable à une Société archéologique, et particulièrement à celle de l'Orléanais, c'est assurément la biographie de M. de Vassal.

En effet, M. de Vassal, qu'une mort prématurée vient d'enlever à la science, joignait à une érudition profonde en matière d'antiquités le mérite assez rare, il y a trente ans, d'avoir aidé à répandre le goût de l'archéologie dans notre département.

L'étude du passé, en ce qui concerne l'histoire, les arts, les sciences et les lettres, nous aimons à le proclamer, n'est pas un goût né d'hier à Orléans : de nombreux volumes, des manuscrits pleins d'intérêt sont là pour l'attester.

Les recherches de MM. Dubois, Patau, de Beauregard, Jollois, de Bizemont, Nutein, Jacob, etc., ont précédé et souvent éclairé celles qui se sont faites de nos jours.

Mais il est une gloire particulière à M. de Vassal, celle d'avoir rétabli l'ordre dans le dépôt des documents où nous pouvons aller puiser des éléments précieux pour nos travaux archéologiques ; d'avoir exhumé de la poussière des richesses à peu près oubliées avant lui ; en un mot, d'avoir réuni et classé les pièces éparses ou confusément entassées des archives générales du département du Loiret.

Charles-Louis DE VASSAL n'appartenait pas à l'Orléanais par la naissance. Il vit le jour, en 1809, au château du Grand-Garon, près

Saint-Germain-de-Grave, dans la Gironde. Sa famille, une des plus nombreuses et des plus notables de la Guyenne, d'une noblesse incontestable et très-ancienne, riche surtout de la gloire militaire, avait longtemps possédé le marquisat de Montviel, dont elle portait le nom ; mais dépouillée par la tourmente révolutionnaire, elle ne conservait plus que l'éclat du nom au commencement de ce siècle.

Charles avait à peine atteint sa septième année lorsque la mort lui enleva sa mère. Il fut alors confié aux soins d'une tante chanoinesse qui, chassée de la maison royale de Saint-Cyr par la révolution, s'était réfugiée dans notre cité hospitalière, où elle fonda et dirigea une maison d'éducation très-florissante.

Ses études classiques, commencées au petit séminaire, furent achevées au collége royal.

Aussitôt après, il entra dans les bureaux de l'administration départementale, et obtint en 1831 le titre de surnuméraire.

Déjà ses goûts l'attiraient vers l'archéologie, alors tout petit point lumineux qui, se dilatant bientôt sous de puissantes influences, prit rapidement de très-grandes proportions. Ces goûts lui valurent, en 1833, le titre d'archiviste du département du Loiret, que six autres avaient porté avant lui.

Si les appointements accordés alors à M. de Vassal donnent la mesure de l'importance qu'on attachait à ses fonctions, il faut reconnaître qu'elle était bien minime. Elles ne tardèrent pas cependant à être mieux appréciées, et le traitement s'éleva graduellement de sept cents francs à trois mille francs (1).

L'histoire abrégée de nos archives départementales ne sera point ici un hors-d'œuvre.

La proclamation du roi du 20 avril 1790 obligea les états provinciaux, l'assemblée provinciale et la commission intermédiaire, l'intendance et les subdélégations à remettre tous leurs papiers à l'administration centrale.

La loi du 5 novembre 1790 réunit aux archives des districts les titres et papiers des bénéficiers, corps, maisons et communautés de leur circonscription.

---

(1) Tous ces détails sont empruntés à des documents authentiques.

La loi du 19 brumaire an IV, qui supprime les districts, ordonne que les titres et papiers autres que ceux qui concernent particulièrement les administrations municipales soient réunis aux archives du département.

Enfin la loi du 5 brumaire an v ordonne la réunion dans les chefs-lieux de département de tous les titres et papiers acquis à la République, et, autant que possible, dans le lieu des séances de l'administration centrale.

Ce fut donc en 1790 que commencèrent nos archives. Elles s'enrichirent successivement des papiers enlevés aux juridictions, institutions et établissements anciens, à l'intendance, à la chancellerie du duc apanagiste, au bureau des finances, à l'évêché, aux chapitres, églises, fabriques, communautés religieuses ; à l'université, au châtelet, au collège, aux corporations, aux justices, aux émigrés, etc.

Le premier dépôt fut fait dans l'hôtel des Créneaux, où se tint la première session de l'administration centrale ; mais lorsque, le 3 novembre 1790, cette administration installa ses bureaux dans l'ancien couvent de Bonne-Nouvelle, où devait siéger son directoire, les archives furent transportées dans les greniers du monastère des Bénédictins, aujourd'hui l'hôtel de la Préfecture, et y restèrent jusqu'en 1814.

A cette époque l'invasion du territoire français fit concevoir des craintes, et, par mesure de précaution, on transporta les archives au-delà de la Loire, dans la maison de Saint-Charles, où elles restèrent deux ans.

En 1816, rapportées à l'hôtel de la Préfecture, elles occupèrent une salle située au-dessus des cuisines, les combles sous lesquels se trouvaient les bureaux de l'administration et une chambre donnant sur la rue Saint-Germain.

C'est là que les trouva M. de Vassal en 1833. L'ordre établi par M. Moutier, qui le premier avait été chargé de faire le triage des différentes pièces, n'existait plus. Au rangement opéré par lui et ses nombreux commis, de 1796 à 1807, avait succédé un pêle-mêle facile à comprendre après deux déménagements et une période de vingt-six ans, pendant laquelle les archivistes, chargés en même temps de plusieurs fonctions, ne pouvaient donner qu'une médiocre attention au dépôt des archives.

Un grand nombre de pièces étaient dispersées dans les bureaux; d'autres très-importantes avaient disparu. Un danger continuel d'incendie menaçait celles que l'imprudence avait déposées au-dessus de chambres habitées.

Cet état de choses vraiment déplorable préoccupa vivement le nouvel et zélé archiviste.

Heureusement il rencontra dans M. le comte Siméon, préfet du Loiret, un administrateur disposé à seconder ses projets d'amélioration. Un rapport fut adressé au conseil général, en 1836, et un vote de fonds assez considérable permit de commencer l'œuvre de la concentration et du classement, que les circulaires ministérielles de 1812 et de 1817 n'avaient pu faire entreprendre. Toutes les pièces furent réunies dans un même local, au second étage, et divisées en deux grandes catégories : pièces antérieures à 1789, pièces postérieures à 1789, formant un total de seize cent mille. Quelques-unes datent du VIIIe siècle.

Cependant la loi du 10 mai 1828 avait amélioré la condition des archivistes, en les constituant fonctionnaires de l'état, à la nomination du ministre de l'intérieur, bien que leur traitement fût laissé à la charge des départements.

Ce nouvel état de choses donna plus de courage encore à M. de Vassal pour continuer son œuvre de rangement et de classement. Chaque année, un rapport adressé au conseil général amena un nouveau vote de fonds, et les archives sortirent de plus en plus du désordre et de la confusion.

Mais le local était insuffisant et exposé au danger d'incendie. L'archiviste sollicita la construction d'une salle vaste et isolée; il l'obtint en 1848, et il s'y installait en 1851 (1).

M. de Vassal ne s'était pas contenté de donner une simple nomenclature des papiers; il avait entrepris un inventaire détaillé qui

---

(1) La construction de la nouvelle salle des archives fut votée par le conseil général sous l'administration de M. Péreira, et achevée sous l'administration de M. Dubessey.

devait former un travail historique des plus intéressants. La partie qui concerne le prieuré de Saint-Samson et le collége d'Orléans est complète.

Il s'occupa de ranger par ordre chronologique et de réunir en volumes les chartes des évêques d'Orléans, en les accompagnant d'une analyse qui avait tous les caractères d'un commentaire.

En 1854, conformément à l'ordre envoyé du ministère à tous les archivistes, M. de Vassal commença un inventaire sommaire dont il ne put faire que la série A. Dans cette série est compris l'apanage du duc d'Orléans. La partie de l'inventaire se rapportant à l'apanage renferme 1,052 articles du plus grand intérêt et qui sont comme un résumé de l'histoire d'Orléans, d'Étampes, de Beaugency, Boiscommun, Châteauneuf, Châteaurenard, Lorris, Neuville, Vitry-aux-Loges, Janville, Yèvre-le-Châtel, Romorantin, Montargis, c'est-à-dire des villes et châtellenies qui constituaient le duché.

Les travaux de rangement et d'inventaire, quelque considérables qu'ils fussent, n'absorbaient pas M. de Vassal tout entier. Son attention se porta aussi sur les pièces disparues, et il en fit rentrer un assez grand nombre. Il demanda et obtint, conformément aux prescriptions de la loi, la réunion aux archives départementales des archives judiciaires antérieures à 1789, des registres de l'ancienne université d'Orléans, du bureau de la compagnie des marchands fréquentant la Loire ; en un mot, de tous les papiers ayant appartenu aux institutions supprimées par le nouvel ordre de choses.

Il se transporta en Belgique pour acquérir, au nom du département, plusieurs pièces intéressant notre histoire locale.

Enfin, le zèle qu'il apporta à mettre les archives dans l'état le plus satisfaisant détermina plusieurs possesseurs de documents précieux à s'en dessaisir, chose rare et digne d'éloge, en faveur du département.

Ce zèle, apprécié comme il devait l'être par l'administration, le fit choisir, en 1841, pour aller prendre connaissance de l'état des archives de Gien, Pithiviers et Montargis, conformément aux prescriptions ministérielles. Son compte-rendu révéla le trésor que possédait l'hôtel de la sous-préfecture de Gien et le dommage causé par une trop longue négligence. Plus tard, il fut aussi chargé, avec le titre d'inspecteur des archives communales, de visiter toutes les mairies du département, et il eut à signaler plus d'un désordre.

Son dernier projet, celui de joindre au dépôt de la préfecture les minutes des études de notaires comptant plus de deux siècles de date, échoua devant les difficultés que présentait l'exécution (1).

Les forces physiques de M. de Vassal ne répondaient pas à la force de sa volonté. En 1860, épuisé par de longs et pénibles travaux, il se vit contraint, malgré ses prédilections, d'abandonner les archives et de demander sa retraite, qui lui fut accordée avec le titre d'archiviste honoraire.

L'administration départementale perdit en lui, assurément, un de ses agents les plus zélés, les plus intelligents et les plus érudits.

Hâtons-nous de dire qu'il a été dignement remplacé.

Quoiqu'il n'eût pas été élevé à l'école des chartes, il n'en possédait pas moins une science solide et profonde, qu'il devait tout entière à une étude privée, mais consciencieuse et persévérante de l'antiquité. L'archéologie, le blason, la paléographie, semblaient n'avoir pour lui ni secrets ni mystères.

Aussi les sociétés savantes d'Orléans s'empressèrent-elles de l'accueillir dans leur sein. En 1842, il était élu membre de la Société des sciences, arts et belles-lettres ; en 1848, la Société archéologique de l'Orléanais l'inscrivait sur la liste de ses membres fondateurs, et en 1853 elle lui déférait la présidence. D'autres sociétés étrangères se plurent aussi à inscrire son nom sur la liste de leurs membres.

M. de Vassal paya partout son tribut de travail, et enrichit les bulletins et les annales de ses mémoires et de ses rapports. Son concours, dans les nombreuses commissions dont il fit partie, aida toujours puissamment à atteindre le but proposé. Non seulement il signala à la Société archéologique les curieuses peintures murales de la chapelle de Saint-Genou, à Selles-Saint-Denis, mais son pinceau les reproduisit dans quinze aquarelles. Les congrès scientifiques auxquels il assista ne profitèrent pas moins de ses lumières que les sociétés savantes.

---

(1) Tous ces détails sur les archives et les travaux de M. de Vassal sont empruntés à des documents officiels.

En 1846, un comité de rédaction se constitue pour publier une *Revue orléanaise* embrassant l'histoire, l'archéologie, la numismatique, la légende, la biographie, la bibliographie et les mélanges. M. de Vassal s'associe au zèle désintéressé des membres qui le composaient, et alimente la *Revue* de ses nombreux articles.

La liste des écrits de M. de Vassal nous révèlera l'étendue de ses connaissances et son ardeur pour le travail.

Sa première publication date de 1842, et porte pour titre : *Recherches sur le monastère de Notre-Dame-de-Bonne-Nouvelle*. Il voulut, et il eut raison, donner sa première attention aux faits historiques qui se rattachaient au lieu où il venait tous les jours s'exercer à l'étude de l'antiquité. Après avoir retracé l'histoire abrégée du couvent, transformé aujourd'hui en hôtel de préfecture, l'auteur donne les chartes, bulles, *fac-simile* qui lui ont servi à composer son récit, et les accompagne de notes explicatives et d'un double plan.

Viennent ensuite les *Légendes orléanaises*, imprimées en 1846. Elles avaient pour but, dit l'auteur lui-même, de conserver des souvenirs populaires, accompagnés d'une pensée morale, et de mettre en relief les mœurs et les usages des siècles passés. Le style en est simple, et convient parfaitement à la naïveté des sujets. M. de Vassal y a joint des notes qui apppartiennent à l'histoire de plusieurs localités de notre département, telles que les fiefs du Bruel, de Chilly, d'Alosse, le bourg de Chanteau, Pithiviers, la paroisse de Saint-Paterne, le monastère d'Ambert, le *Vicus columna*, où se trouvait le puits dans lequel fut jeté le corps de l'infortuné Sigismond de Bourgogne. Des dessins sont joints au texte. Nous nous étonnerions de l'accueil fait à ces légendes remplies d'un véritable intérêt, si nous ne savions pas les préjugés qui s'élèvent trop souvent contre les meilleures œuvres littéraires, dans le lieu où elles sont nées.

Les *Recherches sur le collége royal d'Orléans*, publiées vers 1847, forment une page d'histoire locale très-importante, écrite très-consciencieusement, et font connaître des chartes, des bulles, des lettres du plus haut intérêt. Le chapitre troisième, relatif aux Jésuites, offre surtout des documents très-curieux.

Sous le titre de *Coutumes fiscales d'Orléans*, M. de Vassal a donné en 1853 une explication savante d'une pièce des archives, où sont enregistrées les redevances que payait le commerce orléanais, vers 1296, et qui se partageaient entre le roi et l'évêque. De cette pièce ressort l'importance commerciale de notre cité au moyen âge.

En 1861, quoique déjà épuisé par de longues et cruelles souffrances, notre infatigable collègue livrait au public les *Généalogies des principales familles de l'Orléanais*, recueillies par le chanoine Hubert. Il les a réduites aux simples proportions d'une table analytique, sans en relever les erreurs, qu'il se proposait de rectifier dans le *Nobiliaire orléanais*, ouvrage de longue haleine, qui reçut un commencement d'exécution en 1863. Le premier tome paru renferme : 1° la généalogie très-étendue de la famille d'Orléans, une des plus anciennes, si ce n'est la plus ancienne de notre cité, et qui a eu cinq historiens ; 2° la généalogie de la famille de Gauvignon, qui remonte au XIVe siècle. Ce premier volume du *Nobiliaire de l'Orléanais* est fait avec une méthode, une exactitude historique qui rangent M. de Vassal parmi les meilleurs généalogistes.

Outre les *Recherches sur le monastère de Bonne-Nouvelle*, et la légende intitulée : *Le Chêne de l'Évangile*, M. de Vassal a fourni aux Mémoires de la Société des sciences, arts et belles-lettres un tableau légendaire dans lequel il retrace une scène touchante qui se passait au XVe siècle dans les environs d'Orléans. Le titre porte : *Colin et Jeanne*.

Les *Annales* de la Société archéologique ont publié son travail sur les coutumes fiscales, ses notes sur la bataille de Patay (1) et la notice sur les assises que tenaient, au XIVe siècle, les baillis et les sénéchaux.

Dans la *Revue orléanaise*, M. de Vassal a inséré deux légendes ; un récit d'une élection communale à Orléans, en 1562 ; une critique aussi spirituelle qu'amusante d'une correspondance épistolaire entre deux antiquaires, au sujet de l'inscription de la cloche de

---

(1) M. de Vassal demanda aux deux sociétés savantes d'Orléans et obtint des fonds pour faire élever une croix commémorative sur le lieu où se livra cette bataille en 1429.

www.ingramcontent.com/pod-product-compliance
Lightning Source LLC
Chambersburg PA
CBHW070435080426
42450CB00031B/2665